放翁詞

詞曲類一　詞集之屬

提要

臣等謹案放翁詞一卷宋陸游撰游有南唐書諸書別著録馬端臨經籍考載放翁詞一卷毛晉所刊放翁全集內附長短句二卷此本亦晉所刊又併為一卷乃集外別行之本據卷末有晉跋云余家刻放翁全集已載長

短句二卷尚逸一二調章次亦錯見因載訂入名家云云則是較集本為精密也游生平精力盡為詩填詞乃其餘事故今所傳者僅及詩集百分之一劉克莊謂其時掉書袋要是一病楊慎則謂其纖麗處似淮海雄快處似東坡平心而論游之本意蓋欲驛騎於二家之間故奄有其勝皆不能造其極要之詩人之言終為近雅與詞人之冶蕩有殊其短

其長故具在是也葉紹翁四朝聞見録載韓侂胄喜游附已至出所愛四夫人號滿頭花者索詞有飛上錦裀紅皺之句今集中不載葢游老而隳節失身侂胄爲一時清議所譏游亦自知其誤棄其稿而不存南園閱古泉記不編於渭南集中亦此意也而終不能禁當代之流傳是亦可以爲炯戒者矣乾隆四十六年十月恭校上

總纂官臣紀昀臣陸錫熊臣孫士毅

總校官臣陸費墀

放翁詞

宋 陸游 撰

念奴嬌 招韓无咎遊金山

禁門鐘曉憶君來朝露初翔鸞鵠西府中臺推獨步行對金蓮宮燭蹙繡華韉僊葩寶帶看即飛騰速人生難料一尊此地相屬回首紫陌青門西湖閑院鎖千梢脩竹素壁棲鴉應好在殘夢不堪重續歲月驚心功名

看鏡短鬢無多綠一歡休惜與君同醉浮玉

浣溪紗 和无咎韻

謾向寒爐醉玉瓶喚君同賞小牕明夕陽吹角最關情

忙日苦多閒日少新愁常續舊愁生客中無伴怕君

行

又 南鄭席上

浴罷華清第二湯紅綿撲粉玉肌涼娉婷初試藕絲裳

鳳尺裁成猩血色螭奩熏透麝臍香水亭幽處捧霞

觴

青玉案 與朱景參會北嶺

西風挾雨聲翻浪恰洗盡黄茆瘴老慣人間齊得喪千巖高卧五湖歸棹替却淩烟像　故人小駐平戎帳白羽腰間氣何壯我老漁樵君將相小槽紅酒晚香丹荔記取蠻江上

水調歌頭 多景樓

江左占形勝最數古徐州連山如畫佳處縹緲著危樓

鼓角臨風悲壯烽火連空明滅往事憶孫劉千里曜戈甲萬竈宿貔貅　露霑草風落木歲方秋使君宏放談笑洗盡古今愁不見襄陽登覽磨滅遊人無數遺恨黯難收叔子獨千載名與漢江流

浪淘沙　丹陽浮玉亭席上作

綠樹暗長亭幾把離尊陽關常恨不堪聞何況今朝秋色裏身是行人　清淚浥羅巾各自消魂一江離恨恰平分安得千尋橫鐵鏁截斷烟津

定風波 進賢道上見梅贈王伯壽

敧帽垂鞭送客回小橋流水一枝梅衰病逢春都不記誰謂幽香却解逐人來　安得身閒頻置酒攜手與君看到十分開少壯相從今雪鬢因甚流年羇恨兩相催

南鄉子

歸夢寄吳檣水驛江程去路長想見芳洲初繫纜斜陽烟樹參差認武昌　愁鬢點新霜曾是朝衣染御香重到故鄉交舊少淒涼却恐他鄉勝故鄉

又

早歲入皇州罇酒相逢盡勝流三十年來真一夢堪愁
客路蕭蕭兩鬢秋　蓬嶠偶重遊不待人嘲我自羞看
鏡倚樓俱已矣扁舟月笛烟蓑萬事休

滿江紅

危堞朱欄登覽處一江秋色人正似征鴻社燕幾番輕
別繾綣難忘當日語淒涼又作他鄉客問鬢邊都有幾
多絲真堪織　楊柳院鞦韆陌無限事成虛擲如今何

處也夢魂難覓金鴨微溫香縹緲錦茵初展情蕭瑟料也應紅淚伴秋霖燈前滴

又 夔州倅王伯禮侍御尋梅之集

踈蘂幽香禁不過晚寒愁絶那更是巴東江上楚山千疊欹帽閒尋西瀼路嚲鞭笑向南枝說恐使君歸去上鑾坡孤風月　清鏡裏悲華髮山驛外溪橋側悽然回首處鳳皇城闕顦顇如今誰領略飄零已是無顏色問行廚何日喚賓僚猶堪折

感皇恩 伯禮立春日生日

春色到人間綵旛初戴正好春盤細生菜一般日月只有儷家偏耐雪霜從點鬢朱顏在 溫詔鼎來延英催對鳳閣鸞臺看除拜對衣裁穩恰稱毬紋新帶箇時方旋了功名債

又

小閣倚秋空下臨江渚漠漠孤雲未成雨數聲新雁回首杜陵何處壯心空萬里人誰許 黃閣紫樞築壇開

府莫怕功名欠人做如今熟計只有故鄉歸路石帆山
脚下菱三畆

好事近寄張真甫

羇雁未成歸腸斷寳箏零落那更凍醪無力似故人情
薄　瘴雲蠻雨暗孤城身在楚山角煩問劒南消息怕
還成疎索

又

風露九霄寒侍宴玉華宫闕親向紫皇香案見金芝千

葉　碧壺僊露醞初成香味兩奇絕醉後却騎丹鳳看

蓬萊春色

又　次字文卷目韻

客路苦思歸愁似繭絲千緒夢裏鏡湖烟雨看山無重

數　尊前消盡少年狂慵著送春語花落燕飛庭户歎

年光如許

又

歲晚喜東歸掃盡市朝陳迹揀得亂山環處釣一潭澄

碧　賣魚沽酒醉還醒心事付橫笛家在萬重雲外有
沙鷗相識

又

華表又千年誰記駕雲孤鶴回首舊曾遊處但山川城
郭　紛紛車馬滿人間塵土汙芒屩且訪葛仙丹井看
巖花開落

又

揮袖別人間飛躡峭崖蒼壁尋見古仙丹竈有白雲成

積　心如潭水靜無風一坐數千息夜半忽驚奇事看

鯨波瞰日

又

溢口放船歸薄暮散花洲宿兩岸白蘋紅蓼映一蓑新

綠　有沽酒處便為家菱芡四時足明日又乘風去住

江南江北

又　登梅仙山絕頂望海

揮袖上西峰孤絕去天無尺拄杖下臨鯨海數烟帆歷

歷　貪看雲氣舞青鸞歸路已將夕多謝半山松吹解
慇懃留客

又

小倦帶餘酲澹澹數櫺斜日驅退睡魔十萬有雙龍蒼
壁　少年莫笑老人衰風味似平昔扶杖凍雲深處探
溪梅消息

又

覓箇有緣人分付玉壺靈樂誰向市塵深處識遼天孤

鶴　月中吹笛下巴陵條華赴前約今古廢興何限歎山川如昨

又

平旦出秦關雪色駕車雙鹿借問此行安往賞清伊脩竹　漢家宮殿劫灰中春草幾回綠君看變遷如許況紛紛榮辱

又

秋曉上蓮峯高躡倚天青壁誰與放翁為伴有天壇輕

策　鏗然忽變赤龍飛雷雨四山黑談笑做成豐歲笑禪龕榔栗

又

混迹寄人間夜夜畫樓銀燭誰見五雲丹竈養黃芽初熟　春風歸從紫皇遊東海宴賜谷進罷碧桃花賦賜玉麈千斛

玉蝴蝶　王忠州家席上作

倦客平生行處墜鞭京洛解佩瀟湘此夕何年來賦宋

玉高唐繡簾開香塵乍起蓮步穩銀燭分行暗端相燕
羞鶯妒蝶擾蜂忙　難忘芳樽頻勸峭寒新退玉漏猶
長幾許幽情只愁歌罷月侵廊欲歸時司空笑問微近
處丞相嗔狂斷人腸假饒相送上馬何妨

鷓鴣天

杖屨尋春苦未遲洛城櫻筍正當時三千界外歸初到
五百年前事總知　吹玉笛渡清伊相逢休問姓名誰
小車處士深衣叟曾是天津共賦詩

又

家住東吳近帝鄉平生豪舉少年場十千沽酒青樓上百萬呼盧錦瑟傍　身易老恨難忘尊前贏得是淒涼君歸為報京華舊一事無成兩鬢霜

又　葭萌驛作

看盡巴山看蜀山子規江上過春殘慣眠古驛常安枕熟聽陽關不慘顏　慵服氣嬾燒丹不妨青鬢戲人間祕傳一字神仙訣說與君知只是頑

又

梳髮金盤剩一窩畫眉鸞鏡暈雙蛾人間何處無春到只有伊家獨占多　微步處奈嬌何春衫初換麴塵羅東隣鬬草歸來晚忘却新傳子夜歌

又

家住蒼烟落照間絲毫塵事不相關斟殘玉瀣行穿竹卷罷黄庭卧看山　貪嘯傲任衰殘不妨隨處一開顏元知造物心腸別老却英雄似等閑

又

插脚紅塵已是顛更求平地上青天新來有箇生涯別
買斷烟波不用錢　沽酒市採菱船醉聽風雨擁蓑眠
三山老子真堪笑見事遲來四十年

又

嬾向青門學種瓜只將漁釣送年華雙雙新燕飛春岸
片片輕鷗落晚沙　歌縹緲艣嘔啞酒如清露鮓如花
逢人問道歸何處笑指船兒此是家

又 薛公肅家席上作

南浦舟中兩玉人誰知重見楚江濵憑敎後苑紅牙版引上西川綠錦茵 纔淺笑却輕嚬淡黃楊柳又催春情知言語難傳恨不似琵琶道得真

驀山溪 送伯禮

元戎十乘出次高唐館歸去舊鵷行更何人齊飛霄漢瞿唐水落惟是淚波深催疊鼓起牙檣難鏁長江斷春深鼇禁紅日宮甎暖何處望音塵黯消魂層城飛觀

人情見慣不敢恨相忘梅驛外蓼灘邊只待除書看

又 遊三榮龍洞

窮山孤壘臘盡春初破寂寞掩空齋好一箇無聊底我嘯臺龍岫隨分有雲山臨淺瀨蔭長松閒據胡牀坐三杯徑醉不覺紗巾墮畫角喚人歸落梅村籃輿夜過城門漸近幾點妓衣紅官驛外酒壚前也有閒燈火

玉樓春 立春日作

三年流落巴山道破盡青山塵滿帽身如西瀼渡頭雲

愁抵瞿唐關上草　春盤春酒年年好試戴銀旛判醉倒令朝一歲大家添不是人間偏我老

朝中措　梅

幽姿不入少年場無語只淒涼一箇飄零身世十分冷淡心腸　江頭月底新詩舊夢孤恨清香任是春風不管也曾先識東皇

又　代譚德稱作

怕歌愁舞懶逢迎粧晚託春酲總是向人深處當時枉

道無情　關心近日啼紅密訴剪緣深盟杏館花陰恨
淺畫堂銀燭嫌明

又

鼕鼕儺鼓餞流年燭焰動金船綵燕難尋前夢酥花空
點春妍　文園謝病蘭城久旅回首凄然明月梅山笛
夜和風禹廟鶯天

臨江僊　離果州作

鳩雨催成新綠燕泥收盡殘紅春光還與美人同論心

空眷眷分袂却匆匆　只道真情易寫那知怨句難工
水流雲散各西東半廊花院月一帽柳橋風

蝶戀花 離小益作

陌上簫聲寒食近雨過園林花氣浮芳潤千里斜陽鐘
欲暝憑高望斷南樓信　海角天涯行略盡三十年間
無處無遺恨天若有情終欲問忍教霜點相思鬢

又

桐葉晨飄蛩夜語旅思秋光黯黯長安路忽記橫戈盤

馬處散關清渭應如故　江海輕舟今已具一卷兵書歎息無人付早信此生終不遇當年悔草長楊賦

又

水漾萍根風卷絮倩笑嬌顰忍記逢迎處只有夢魂能再過堪嗟夢不由人做　夢若由人何處去短帽輕衫夜夜眉州路不怕銀釭深繡戶只愁風斷青衣渡

又

禹廟蘭亭今古路一夜清霜染盡湖邊樹鸚鵡杯深君

莫訴他時相遇知何處　冉冉年華留不住鏡裏朱顏
畢竟消磨去一句丁寧君記取神僊須是閒人做

釵頭鳳

紅酥手黃藤酒滿城春色宮牆柳東風惡歡情薄一懷
愁緒幾年離索錯錯錯　春如舊人空瘦淚痕紅浥鮫
綃透桃花落閒池閣山盟雖在錦書難託莫莫莫

清商怨 葭萌驛作

江頭日暮痛飲乍雪晴猶凜山驛淒涼燈昏人獨寢

鴛機新寄斷錦歎往事不堪重省夢破南樓綠雲堆一
枕

水龍吟 榮南作

樽前花底尋春處堪歎心情全減一身萍寄酒徒雲散
佳人天遠那更今年瘴烟蠻雨夜郎江畔漫倚樓橫笛
臨牕看鏡時揮涕驚流轉　花落月明庭院悄無言魂
消腸斷憑肩攜手當時曾效畫梁栖燕見說新來網縈
塵暗舞衫歌扇料也羞憔悴慵行芳徑怕啼鶯見

又 集中逸

摩訶池上追遊客紅綠參差春晚韶光妍媚海棠如醉桃花欲煖挑菜初閒禁烟将近一城絲管看金鞍爭道香車飛蓋爭先占新亭館　惆悵年華暗換黯銷魂雨收雲散鏡奩掩月釵梁折鳳秦箏斜雁身在天涯亂山孤壘危樓飛觀歎春來只有楊花和恨向東風滿

秋波媚 七月十六日晚登高興亭望長安南山

秋到邊城角聲哀烽火照高臺悲歌擊筑憑高酹酒此

興悠哉　多情誰似南山月特地暮雲開灞橋烟柳曲
江池館應待人來

又

曾散天花蘂珠宮一念墮塵中鉛華洗盡珠璣不御道
骨僊風　東遊我醉騎鯨去君駕素鸞從垂虹看月天
台采藥更與誰同

采桑子

寶釵樓上粧梳晚嬾上鞦韆閒撥沈烟金縷衣寬睡髻

偏　鱗鴻不寄遼東信又是經年彈淚花前愁入春風
十四絃

卜算子 詠梅

驛外斷橋邊寂寞開無主已是黃昏獨自愁更著風和
雨　無意苦爭春一任羣芳妒零落成泥碾作塵只有
香如故

沁園春 三榮橫谿閣小宴

粉破梅梢綠動萱叢春意已深漸珠簾低卷筇枝微步

氷開躍鯉林暖鳴禽荔子扶踈竹枝哀怨濁酒一尊和淚斟憑欄久歎山川冉冉歲月駸駸　當時豈料如今漫一事無成霜鬢侵看故人强半沙堤黃閣魚懸帶玉貂映蟬金許國雖堅朝天無路萬里淒涼誰寄音東風裏有灞橋烟柳知我歸心

又

一別秦樓轉眼新春又近放燈憶盈盈倩笑纖纖柔握玉香花語雪暖酥凝念遠愁腸傷春病思自怪平生殊

未曾君知否漸香消蜀錦淚漬吳綾　難求繫日長繩
况倦客飄零少舊朋但江郊雁起漁村笛怨寒釭委燼
孤硯生冰水繞山圍烟昏雲慘縱有高臺常怯登消魂
處是魚牋不到蘭夢無憑

又

孤鶴歸飛再過遼天換盡舊人念纍纍枯冢茫茫夢境
王侯螻蟻畢竟成塵載酒園林尋花巷陌當日何曾輕
負春流年改歎圍腰帶剩點鬢霜新　交親散落如雲

又豈料如今餘此身幸眼明身健茶甘飯輭非惟我老更有人貧縣盡危機消殘壯志短艇湖中閒采蓴吾何恨有漁翁共醉谿友爲鄰

秦樓月

玉花驄晚街金轡聲璁瓏聲璁瓏閒欹烏帽又過城東富春巷陌花重重千金沽酒酬春風酬春風笙歌園裏錦繡叢中

漢宮春　張園賞海棠作園故蜀燕王宮也

浪迹人間喜聞猿楚峽學劒秦川虛舟汎然不繫萬里
江天朱顏綠鬢作紅塵無事神僊何妨在鶯花海裏行
歌閑送流年　休笑放慵狂眼看閒坊深院多少嬋娟
燕宮海棠夜宴花覆金船如椽畫燭酒闌時百炬吹烟
憑寄語京華舊侶幅巾莫換貂蟬

又　初自南鄭來成都作

羽箭雕弓憶呼鷹古壘截虎平川吹笳暮歸野帳雪壓
青氈淋漓醉墨看龍蛇飛落蠻牋人誤許詩情將略一

時才氣超然　何事又作南來看重陽藥市元夕燈山花時萬人樂處欹帽垂鞭聞歌感舊尚時時流涕尊前君記取封侯事在功名不信由天

月上海棠　成都城南有蜀王舊苑多梅皆二百餘年古木

斜陽廢苑朱門閉弔興亡遺恨淚痕裏淡淡宮梅也依然點酥剪水凝愁處似憶宣華舊事　行人別有淒涼意折幽香誰與寄千里佇立江皋杳難逢隴頭歸騎音塵遠楚天危樓獨倚　宣華故蜀苑名

又

蘭房繡戶厭厭病歎春醒和悶甚時醒燕子空歸幾曾傳玉關邊信傷心處獨展團窠瑞錦 熏籠消歇沈烟冷淚痕深展轉看花影漫擁餘香怎禁他峭寒孤枕西牕曉幾聲銀瓶玉井

烏夜啼

金鴨餘香尚暖綠牕斜日偏明蘭膏香染雲鬟膩釵墜滑無聲 冷落鞦韆伴侶闌珊打馬心情繡屏驚斷瀟

湘夢花外一聲鶯

又

簷角楠陰轉日樓前荔子吹花鷓鴣聲裏霜天晚疊鼓已催衙 鄉夢時來枕上京書不到天涯邦人訟少文移省閒院自煎茶

又

我挍丹臺玉字君書蘂殿雲篇錦官城裏重相遇心事兩依然 攜酒何方處處尋梅共約年年細思上界多

官府且作地行僊

又

世事從來慣見吾生更欲何之鏡湖西畔秋千頃鷗鷺共忘機　一枕蘋風午醉二升菰米晨炊故人莫訝音書絶釣侶是新知

又

素意幽棲物外塵緣浪走天涯歸來猶幸身强健隨分作山家　已趁餘寒泥酒還乘小雨移花柴門盡日無

人到一徑傍谿斜

又

園館青林翠樾衣巾細葛輕紈好風吹散霏微雨沙路喜新乾　小燕雙飛水際流鶯百囀林端投壺聲斷彈棊罷閒展道書看

又

從宦元知漫浪還家更覺清真蘭亭道上多脩竹隨處岸綸巾　泉冽偏宜雪茗秔香雅稱絲蓴脩然一飽西

牕下天地有閒人

又

紈扇嬋娟素月紗巾縹緲輕烟高槐葉長陰初合清潤雨餘天　弄筆斜行小草鈎簾淺醉閒眠更無一點塵埃到枕上聽新蟬

真珠簾

山村水館參差路感羇遊正似殘春風絮掠地穿簾知是竟歸何處鏡裏新霜空自憫問幾時鸞臺鼇署遲暮

謾憑高懷遠書空獨語　自古儒冠多誤悔當年早不扁舟歸去醉下白蘋洲看夕陽鷗鷺菰菜鱸魚都棄了只換得青衫塵土休顧早收身江上一蓑烟雨

又

燈前月下嬉遊處向笙歌錦繡叢中相遇彼此知名纔見便論心素淺黛嬌蟬風調別最動人時時偷顧歸去想閒總深院調絃促柱　樂府初翻新譜漫裁紅點翠閒題金縷燕子入簾時又一番春暮側帽燕脂坡下過

料也計前年崔護休訴待從今須與好花為主

柳梢青 故蜀燕王宮海棠之盛為成都第一今屬張氏

錦里繁華環宮故邸疊蕚奇花俊客妖姬爭飛金勒齊駐香車　何須幙障幃遮寶杯浸紅雲瑞霞銀燭光中清歌聲裏休恨天涯

又 乙巳二月西興贈別

十載江湖行歌沽酒不到京華底事翩然長亭烟草衰鬢風沙　憑高目斷天涯細雨外樓臺萬家只恐明朝

一時不見人共梅花

夜遊宮 記夢寄師伯渾

雪曉清笳亂起夢遊處不知何地鐵騎無聲望似水想關河雁門西青海際　睡覺寒燈裏漏聲斷月斜窻紙自許封侯在萬里有誰知鬢雖殘心未死

又 宮詞

獨夜寒侵翠被奈幽夢不成還起欲寫新愁淚濺紙憶承恩歎餘生今至此　蔌蔌燈花墜問此際報人何事

咫尺長門過萬里恨君心似危欄難久倚

安公子

風雨初經社子規聲裏春光謝最是無情零落盡薔薇一架況我今年憔悴幽牕下人盡怪詩酒消聲價向藥爐經卷忘却鶯牕柳榭　萬事收心也粉痕猶在香羅怕恨月愁花爭信道如今都罷空憶前身便面章臺馬因自來禁得心腸怕縱遇歌逢酒但說京都舊話

木蘭花慢　夜登青城山玉華樓

閱邯鄲夢境歎綠鬢早霜侵奈華嶽燒丹青谿看鶴尚負初心年來向濁世裏悟真詮祕訣絕幽深養就金芝九畹種成琪樹千林　星壇夜學步虛吟露冷透瑤簪對翠鳳披雲青鸞遡月宮闕蕭森琅函一封奏罷自鈞天帝所有知音却遇蓬壺嘯傲世間歲月駸駸

蘇武慢　唐安西湖

澹靄空濛輕陰清潤綺陌細塵初靜平橋繫馬畫閣移舟湖水倒空如鏡掠岸飛花傍簷新燕都是學人無定

歎連年戎帳經春邊壘暗凋顏鬢　空記憶杜曲池臺新豐歌管怎得故人音信羇懷易感老伴無多談麈久閒犀柄惟有倏然筆牀茶竈自適筍輿烟艇待綠荷遮岸紅蕖浮水更棄幽興

齊天樂 左綿道中

角殘鐘晚關山路行人乍依孤店塞月征塵鞭絲帽影常把流年虛占藏鴉柳暗歎輕負鶯花謾勞書劒事往關情悄然頻動壯遊念　孤懷誰與強遣市壚沽酒酒

薄怎當愁釅倚瑟妍詞調鉛妙筆那寫柔情芳豔征途

自厭況烟歛蕪痕雨稀萍點最是眠時枕寒門半掩

又 三榮人日作

客中隨處閒消悶來尋嘯臺龍岫路歛春泥山開翠霧

行樂年年依舊天工妙手放輕綠萱芽淡黃楊柳笑問

東君為人能染鬢絲否 西州催去近也帽簷風輭且

看市樓沽酒宛轉巴歌淒涼塞管攜客何妨頻奏征塵

暗袖漫禁得梅花伴人疎瘦幾日東歸畫船平放溜

望梅

壽非金石恨天教老向水程山驛似夢裏來到南柯這些子光陰更堪輕擲戍火邊城又過了一年春色歎名姬駿馬盡付杜陵苑路豪客 長繩漫勞繫日看人間俛仰俱是陳迹縱自倚英氣淩雲奈回盡鵬程鎩殘鸞翮終日憑高悄不見江東消息算沙邊也有斷鴻倩誰問得

洞庭春色

壯歲文章暮年勳業自昔誤人算英雄成敗軒裳得失難如人意空喪天真請看邯鄲當日夢待炊罷黃粱徐欠伸方知道許多時富貴何處關身　人間定無可意怎換得玉鱠絲蓴且釣竿漁艇筆牀茶竈閒聽荷雨一洗衣塵洛水情關千古後尚棘暗銅駝空愴神何須更慕封侯定遠圖像麒麟

漁家傲　寄仲高

東望山陰何處是往來一萬三千里寫得家書空滿紙

流清淚書回已是明年事　寄語紅橋橋下水扁舟何
日尋兄弟行徧天涯真老矣愁無寐鬢絲幾縷茶烟裏

繡停針

歎半紀跨萬里秦吳頓覺衰謝回首鵷行英俊並遊咫
尺玉堂金馬氣淩嵩華負壯略縱橫王霸夢經洛浦梁
園覺來淚流如瀉　山林定去也却自恐說著少年時
話靜院焚香閒倚素屏今古總成虛假趣時婚嫁幸自
有湖邊茅舍燕歸應笑客中又還過社

桃園憶故人 并序

三榮郡治之西因子城作樓觀曰高齋下臨山村蕭然如世外予留七十日被命參成都戎幕而去臨行徙倚竟日作桃園憶故人

斜陽寂歷柴門閉一點炊烟時起雞犬往來林外俱有蕭然意　衰翁老去踈榮利絕愛山城無事臨去畫樓頻倚何日重來此

又 應靈道中

欄干幾曲高齋路正在重雲深處丹碧未乾人去高棟空留句　離離芳草長亭暮無奈征車不住惟有斷鴻烟渚知我頻回顧

又

一彈指頃浮生過墮甑元知當破去去醉吟高卧獨唱何須和　殘年還我從來我萬里江湖烟艇脱盡利名韁鏁世界元來大

又

城南載酒行歌路冶葉倡條無數一朶鞓紅凝露最是關心處 鶯聲無賴催春去那更兼旬風雨試問歲華何許芳草連天暮

又

中原當日山川震關輔回頭煨燼淚盡兩河征鎮日望中興運 秋風霜滿青青鬢老却新豐英俊雲外華山千仞依舊無人問

極相思

江頭踈雨輕烟寒食落花天翻紅墜素殘霞暗錦一段淒然　惆悵東君堪恨處也不念冷落樽前那堪更看漫空相趂柳絮榆錢

一叢花

樽前凝佇漫魂迷猶恨負幽期從來不慣傷春淚為伊後滴滿羅衣那堪更是吹簫池館青子綠陰時　回廊簾影晝參差偏共睡相宜朝雲夢斷知何處倩雙燕說與相思從今判了十分憔悴圖要箇人知

又

僊姝天上自無雙玉面翠蛾長黃庭讀罷心如水閉朱戶愁近絲簧牕明几淨閒臨唐帖深炷寶奩香　人間無樂駐流光風雨又催涼相逢共話清都舊歎塵劫生死茫茫何如伴我綠蓑青箬秋晚釣瀟湘

隔浦蓮近拍

飛花如趁燕子直度簾櫳裏帳掩香雲暖金籠鸚鵡驚起凝恨慵梳洗粧臺畔蘸粉纖纖指寶釵墜　才醒又

困懨懨中酒滋味牆頭柳暗過盡一年春事罨畫高樓怕獨倚千里孤舟何處烟水

又

騎鯨雲路倒景醉面風吹醒笑把浮丘袂寥然非復塵境震澤秋萬頃烟霏散水面飛金鏡露華冷　湘妃睡起鬟傾釵墜慵整臨江舞處零亂塞鴻清影河漢橫斜夜漏永人靜吹簫同過緱嶺

昭君怨

晝永蟬聲庭院人倦嬾搖團扇小景寫瀟湘自生涼
簾外蹴花雙燕簾下有人同見寶篆拆宮黃炷熏香

雙頭蓮 呈范至能待制

華鬢星星驚壯志成虛此身如寄蕭條病驥向暗裏消
盡當年豪氣夢斷故國山川隔重重烟水身萬里舊社
凋零青門俊遊誰記 盡道錦里繁華歎官閒晝永柴
荆添睡清愁自醉念此際付與何人心事縱有楚柂吳
檣知何時東逝空悵望鱠美菰香秋風又起

又

風卷征塵堪歎處青驄正搖金轡客襟貯淚漫萬點如血憑誰持寄佇想豔態幽情壓江南佳麗春正媚怎忍長亭匆匆頓分連理　目斷淡日平蕪看烟濃樹遠微茫如薺悲歡夢裏奈倦客又是關河千里最苦唱徹驪歌重遲留無計何限事待與丁寧行時已醉

南歌子 送周機宜之益昌

異縣相逢晚中年作別難暮秋風雨客衣寒又向朝天

門外話悲歡　瘦馬行霜棧輕舟下雪灘烏奴山下一
林丹為說三年常寄夢魂閒

憶王孫

春風樓上柳腰肢初試花前金縷衣嫋嫋娉娉不自持
曉粧遲畫得蛾眉勝舊時

又

一春常是雨和風風雨晴時春已空誰惜泥沙萬點紅
恨難窮恰似衰翁一世中

醉落魄

江湖醉客投杯起舞遺烏幘三更冷翠霑衣溼媧媧菱歌吹落半川月　空花昨夢休尋覓雲臺麟閣俱陳迹元來只有閑難得青史功名天却無心惜

鵲橋僊

華燈縱博雕鞍馳射誰記當年豪舉酒徒一半取封侯獨去作江邊漁父　輕舟八尺低篷三扇占斷蘋洲烟雨鏡湖元自屬閒人又何必官家賜與

又

一竿風月一蓑烟雨家在釣臺西住賣魚生怕近城門況肯到紅塵深處　潮生理櫂潮平繫纜潮落浩歌歸去時人錯把比嚴光我自是無名漁父

又 夜聞杜鵑

茅簷人靜蓬牕燈暗春晚連江風雨林鶯巢燕總無聲但月夜常啼杜宇　催成清淚驚殘孤夢又揀深枝飛去故山猶自不堪聽況半世飄然羈旅

長相思

雲千重水千重身在千重雲水中月明收釣筒　頭未童耳未聾得酒猶能雙臉紅一尊誰與同

又

橋如虹水如空一葉飄然烟雨中天教稱放翁　側船篷使江風蟹舍參差漁市東到時聞暮鐘

又

面蒼然鬢皤然滿腹詩書不值錢官閒常晝眠　畫凌

烟上甘泉自古功名屬少年知心惟杜鵑

又

暮山青暮霞明夢筆橋頭艇子横蘋風吹酒醒　看潮生看潮平小住西陵莫較程蓴絲初可烹

又

悟浮生厭浮名回視千鍾一髮輕從今心太平　愛松聲愛泉聲寫向孤桐誰解聽空江秋月明

菩薩蠻

江天淡碧雲如掃蘋花零落蓴絲老細細晚波平月從波面生　漁家真箇好悔不歸來早經歲洛陽城鬢絲添幾莖

又

小院蠶眠春欲老新巢燕乳花如掃幽夢錦城西海棠如舊時　當年真草草一櫂還吳早題罷惜春詩鏡中添鬢絲

訴衷情

當年萬里覓封侯匹馬戍梁州關河夢斷何處塵暗舊
貂裘　仇未滅鬢先秋淚空流此生誰料心在天山身
老滄洲

又

青衫初入九重城結友盡豪英蠟封夜半傳檄馳騎諭
幽并　時易失志難成鬢絲生平章風月彈壓江山別
是功名

生查子

還山荷主恩聊試扶犁手新結小茅茨恰占清江口
風塵不化衣鄰曲常持酒那似宦遊時折盡長亭柳

又

梁空燕委巢院靜鳩催雨香潤上朝衣客少閒談塵
鬢邊千縷絲不是吳蠶吐孤夢泛瀟湘月落聞柔艣

破陣子

仕至千鍾良易年過七十常稀眼底榮華元是夢身後
聲名不自知營營端為誰　幸有旗亭沽酒何妨繭紙

題詩幽谷雲蘿朝採藥靜院軒牕夕對棊不歸真箇癡

又

看破空花塵世放輕昨夢浮名蠟屐登山真率飲筇杖穿林自在行身閒心太平　料峭餘寒猶力廉纖細雨初晴苔紙閒題谿上句菱唱遥聞烟外聲與君同醉醒

上西樓

江頭綠暗紅稀燕交飛忽到當年行處恨依依　灑清淚歎人事與心違滿酌玉壺花露送春歸

點絳唇

采藥歸來獨尋節店沽新釀暮烟千嶂處處聞漁唱
醉弄扁舟不怕黏天浪江湖上這回疎放作箇閒人樣

謝池春

壯歲從戎曾是氣吞殘虜陣雲高狼烟夜舉朱顏青鬢
擁雕戈西戍笑儒冠自來多誤　功名夢斷却泛扁舟
吳楚漫悲歌傷懷吊古烟波無際望秦關何處歎流年
又成虛度

又

賀鑑湖邊初繫放翁歸櫂小園林時時醉倒春眠驚起聽啼鶯催曉歎功名誤人堪笑　朱橋翠徑不許京塵飛到掛朝衣東歸欠早連宵風雨捲殘紅如掃恨樽前送春人老

又

七十衰翁不減少年豪氣似天山淒涼病驥銅駝荊棘灑臨風清淚甚情懷伴人兒戲　如今何幸作箇故谿

歸計鶴飛來晴嵐暝翠玉壺春酒約羣僊同醉洞天寒露桃開未

洛陽春

滿路遊絲飛絮韶光將暮此時誰與說新愁有百囀流鶯語　俯仰人間今古神僊何處花前須判醉扶歸酒不到劉伶墓

又

識破浮生虛妄從人譏謗此身恰似弄潮兒曾過了千

重浪　且喜歸來無恙一壺春醸雨蓑烟笠傍漁磯應
不是封侯相

杏花天

老來駒隙駸駸度算只合狂歌醉舞金杯到手君休訴
看著春光又暮　誰為倩柳條繫住且莫遣城笳催去
殘紅轉眼無尋處盡屬蜂房燕戶

太平時

竹裏房櫳一徑深靜愔愔亂紅飛盡綠成陰有鳴禽

臨罷蘭亭無一事自修琴銅爐裊裊海南沈洗塵襟

戀繡衾

不惜貂裘換釣篷嗟時人誰識放翁歸櫂借樵風穩數聲聞林外暮鐘　幽棲莫笑蝸廬小有雲山烟水萬重半世向丹青看喜如今身在畫中

又

無方能駐臉上紅笑浮生擾擾夢中平地是冲霄路又何勞千日用功　飄然再過蓮峰下亂雲深吹下暮鐘

訪舊隱依然在但鶴巢時有墮松

風入松

十年裘馬錦江濱酒隱紅塵萬金選勝鶯花海倚疎狂驅使青春吹笛魚龍盡出題詩風月俱新　自憐華髮滿紗巾猶是官身鳳樓常記當年語問浮名何似身親欲寄吳牋說與這回真箇閒人

風流子

佳人多命薄初心慕德耀嫁梁鴻記緑牕睡起靜吟閒

詠句翻離合格變玲瓏更襍與素紈留戲墨纖玉撫孤桐蟾滴夜寒水浮微凍鳳牋春麗花研輕紅　人生誰能料堪悲處身落柳陌花叢空羡畫堂鸚鵡深閉金籠向寶鏡鸞釵臨粧常晚繡茵牙版催舞還慵腸斷市橋月笛燈院霜鐘

放翁詞跋

余家刻放翁全集已載長短句二卷尚逸一二調章次亦錯見因載訂入名家楊用修云纖麗處似淮海雄慨處似東坡予謂超爽處更似稼軒耳古虞毛晉記

仿古版文淵閣四庫全書

集部・放翁詞

編纂者◆（清）紀昀　永瑢等
董事長◆施嘉明
總編輯◆方鵬程
編印者◆本館四庫籌備小組
承製者◆博創印藝文化事業有限公司

出版發行：臺灣商務印書館股份有限公司
台北市重慶南路一段三十七號
電話：(02)2371-3712
讀者服務專線：0800056196
郵撥：0000165-1
網路書店：www.cptw.com.tw
E-mail：ecptw@cptw.com.tw
網址：www.cptw.com.tw

局版北市業字第 993 號
初版一刷：1986 年 5 月
二版一刷：2010 年 10 月
三版一刷：2012 年 10 月
定價：新台幣 900 元　A7620141

國立故宮博物院授權監製
臺灣商務印書館數位製作

ISBN 978-957-05-2760-5

國家圖書館出版品預行編目 (CIP) 資料

欽定四庫全書．集部 ： 放翁詞／（清）紀昀，永瑢
等編纂．-- 三版．-- 臺北市 ： 臺灣商務，
2012. 10
面； 公分
ISBN 978-957-05-2760-5（線裝）

1. 四庫全書

082.1 101019489